AF246170

Offert à Madame la Présidente

Hocquart, par l'Auteur

Durand (Cam. de Aff.re) Le

PROJET D'INSCRIPTION

POUR

LE MONUMENT A ÉLEVER

A LA MÉMOIRE

DE LOUIS XVI.

A PARIS,

J. J. Blaise, Libraire de S. A. S. Madame la Duchesse douairière d'Orléans,
quai des Augustins, n° 61, près le Pont-Neuf.

1817.

QUELQUES IDÉES

SUR L'INSCRIPTION

QUI DOIT ACCOMPAGNER LE MONUMENT A ÉLEVER

A LA MÉMOIRE

DE LOUIS XVI;

ET

PROJET D'INSCRIPTION

POUR CE MONUMENT.

> ....,..........… *Dolor ipse disertum*
> *fecerat,* ....…
> Ov. metam. l. 13, v. 228.

Peu de temps après la proposition faite aux deux chambres et adoptée par le Roi, pour l'érection d'un monument à la mémoire de Louis XVI, on a inséré, dans quelques journaux, la copie d'une inscription latine, attribuée à l'un des membres de la chambre des députés, M. le comte de Puymaurin. Suivant les mêmes feuilles, cette inscription avoit été agréée, pour être placée sur le monument. On n'a pu la rapporter ici : l'auteur des réflexions qu'on va lire ne l'a vue qu'une fois ; c'est même inutilement que, jusqu'à ce jour, il a cherché à s'en procurer une copie exacte ; mais sans se la rappeler littéralement, il a conservé très-bien le souvenir de l'impression qu'à la première lecture, elle fit sur son esprit. — Il semble que, dans la composition de cette épitaphe, le seul mérite qu'on ait recherché ait été celui de la brièveté : quelque important que fût le sujet, à quelque distance qu'il s'éloignât des règles communes, on a cru qu'il suffisoit de l'indiquer en peu de mots ; on s'est attaché principalement à n'employer que le moins de termes possible ; toute autre considération a été sacrifiée à cette espèce de calcul, et jamais peut-être objet plus étendu ne fut traité d'une manière aussi succincte. — Mais si, dans les ouvrages de ce genre, la concision est une qualité désirable, on conviendra qu'il est difficile d'y atteindre, sans risquer, en même temps, ou de devenir obscur (*), ou de tomber dans l'inconvénient d'une sorte de froideur et de sécheresse.... Tel est précisément l'écueil que ne paroît pas avoir réussi à éviter l'auteur de l'inscription proposée.

D'ailleurs, la concision est-elle ici un avantage qui mérite exclusivement la préférence ? Il ne s'agit, ni de la légende d'une médaille, ni même d'une inscription à placer sur quelque tombeau construit dans une forme simple, et d'après des dimensions ordinaires. L'édifice qui va s'élever sera un monument de la douleur publique : le caractère d'une véritable affliction est d'aimer à s'épancher, à se répandre en plaintes, en regrets.... Lorsque, par un de ces malheurs imprévus, dont nous ne voyons, parmi nous, que trop d'exemples, l'objet des plus tendres affections est enlevé tout à coup du sein d'une famille désolée, la douleur de ceux qui survivent ne se renferme pas dans un petit nombre de mots symétriquement disposés ; elle éclate, elle cherche à faire passer dans toutes les ames le sentiment profond dont leurs cœurs sont éminemment pénétrés.

Voyez ces nombreux tombeaux élevés autour des murs de la capitale : interrogez ces pierres funèbres, les inscriptions, plus souvent prolixes que concises, dont elles sont revêtues, et au nombre desquelles il en est de si pathétiques, de si touchantes !...... Quoi donc ! le monument à ériger par la nation française, au plus juste et au plus malheureux de ses rois, restera-t-il au-dessous de tant d'autres élevés de nos jours, à la mémoire de simples particuliers ? Et devrons-nous imiter servilement la forme et le laconisme de quelques inscriptions antiques ou modernes, alors que nous avons à gé-

---

(*) (. . . . . . . *brevis esse laboro,*
obscurus fio, ...)

mir sur un attentat sans exemple dans les annales du monde, et par ses suites funestes, et par la grandeur et le mérite du Prince qui en fut la victime?

Déterminé par ces considérations, et entraîné, en quelque sorte, par le souvenir toujours présent à son esprit, de l'affreuse catastrophe qui a signalé d'une manière si terrible, la cinquième année de notre révolution, l'auteur du nouveau projet d'inscription qui va suivre a essayé d'exprimer les sentimens et les idées que semble devoir inspirer naturellement, à tous les cœurs droits et honnêtes, un aussi lamentable sujet.

L'épigraphe placée au commencement de ce discours a pour but de répondre au reproche de *prolixité* que quelques personnes seroient tentées de lui faire. Il a déjà rendu compte des motifs qu'il avoit puisés dans le sens de cette épigraphe; il ajoute qu'à son avis, ce seroit à tort que l'on éleveroit, contre ce projet, l'objection du défaut d'espace pour une inscription aussi longue. — Il n'est pas question ici d'une construction étroite et mesquine : sans doute le monument sera proportionné à la grandeur du sujet; pour le choix de l'emplacement, comme pour la forme de l'édifice et pour ses accessoires, l'architecte devra se pénétrer du sentiment de la perte immense qu'il est chargé de retracer à notre souvenir. S'il apprécie l'étendue de cette perte, si son imagination s'échauffe au récit des circonstances qui l'ont précédée, accompagnée et suivie; si l'exécution enfin répond à ce qu'on a droit d'attendre de lui, le monument, par ses dimensions, par son *grandiose*, sera digne en tout de l'auguste victime à la mémoire de laquelle il est consacré. Que ce soit une pyramide ou un obélisque, ou tout autre genre de construction, il importe surtout qu'il produise un grand effet, qu'il agisse fortement sur l'ame des spectateurs, quel que soit leur rang, leur sexe et leur âge. La base particulièrement ne peut manquer d'avoir de grandes proportions; c'est sur les faces de cette base que l'inscription paroît devoir être placée.

Mais on le demande à tous ceux qui ont bien réflechi sur la nature d'un pareil monument, quelques lignes suffiront-elles pour expliquer, dans tous les temps, comme aux spectateurs de toutes classes, l'intention des fondateurs, et le but qu'ils se sont essentiellement proposé? Convient-il de s'arrêter à de petites considérations, de chercher, pour ainsi dire, à économiser les mots et les phrases? N'est-ce pas, au contraire, pour nous un impérieux devoir de proclamer ici, dans les termes les plus solennels, en présence de l'Europe et du monde, les sentimens qui animent désormais la France régénérée?

Et qu'on ne dise pas que cette sorte de déclaration ne fera qu'exprimer les vœux d'un petit nombre de personnes, attachées au gouvernement, par intérêt ou par habitude! Pour quiconque observe avec attention les progrès de l'esprit public, il est facile de s'apercevoir que, chaque jour, nous avançons vers un meilleur ordre de choses; éclairée par les raisonnemens de l'expérience, et surtout par le souvenir récent des funestes effets de la dernière usurpation, l'opinion s'épure d'une manière sensible; on abandonne généralement ces doctrines pernicieuses que, par un abus de mots sans exemple, leurs auteurs avoient décorées du beau nom de *philosophie*, et dont notre révolution nous a fait faire une si cruelle épreuve. Dans la capitale, comme dans toutes les parties du royaume, la voix de la raison s'est fait entendre; elle a désabusé les hommes égarés. Les lumières et la haute sagesse du prince qui nous gouverne, achèveront, n'en doutons pas, cet important ouvrage. Bientôt il n'existera plus de dissentimens; c'est d'un accord unanime, que partout on reconnoîtra la légitimité des souverains, comme l'une des bases fondamentales du système social. — Et, sous ce rapport, quel pays est plus heureux que la France? De toutes les nations de l'Europe, elle seule peut s'enorgueillir de l'avantage d'être gouvernée par une famille dont les ancêtres ont régné sur elle pendant plus de huit siècles! — Ces utiles considérations, développées et propagées par une multitude d'excellens écrits, s'accréditent généralement; elles prennent de jour en jour plus de force : personne aujourd'hui ne peut disconvenir que chaque instant qui s'écoule consolide nécessairement un système fondé sur la saine morale et sur les principes conservateurs de l'ordre public (a).

Toutefois un changement si heureux ne peut être apprécié au-dehors, comme il l'est chez nous : de fâcheuses impressions subsistent encore dans l'esprit des nations qui nous entourent; il faut travailler à les effacer; aucun moyen ne doit être négligé pour parvenir à un résultat si utile. Le monument qui va s'élever, offre, sous ce rapport, une occasion que sans doute nous ne manquerons pas de saisir. Nous nous empresserons, dans cette importante circonstance, de rassurer à la fois les nations rivales ou amies, en annonçant aux voyageurs de tous les pays le triomphe qu'ont obtenu, parmi nous, les maximes salutaires de la religion et de la morale. Le moment est venu d'écarter toute prévention, de dissiper toute incertitude. Le mausolée de Louis XVI doit être, pour ainsi dire, un monument de la réconciliation générale. Nous y graverons, sur le marbre et l'airain, l'éclatant hommage que nous rendons, en ce moment, au principe sacré de la légitimité : nos gémissemens, si long-temps comprimés par la tyrannie, frapperont les oreilles des peuples et des Rois ; notre douleur s'exhalera en regrets dignes de la victime ; nous détesterons, devant Dieu et devant les hommes, l'abominable forfait commis à la fin du dernier siècle ; nous le désavouerons au nom de la nation toute entière ; nous rejetterons l'horreur d'un si grand crime sur ce petit nombre d'hommes impies dont les prestiges et l'audace ne réussirent que trop malheureusement à égarer la multitude, et à la faire servir d'instrument à l'exécution de leurs affreux projets ; nous proclamerons enfin hautement et sans réserve, nos vœux, nos opinions, notre retour sincère aux principes, si long-temps méconnus, de la fidélité, de la justice et du véritable honneur ; et nous donnerons de notre promesse un gage inviolable, en associant à cet acte de réparation les idées religieuses, vers lesquelles nous ramènent, chaque jour, les plus salutaires et les plus augustes exemples !

Tel est le but auquel l'auteur de la nouvelle inscription s'est efforcé d'atteindre : telles sont les pensées qu'il a voulu exprimer, en les resserrant, autant que cela dépendoit de lui, dans un certain nombre de lignes, dont chacune, prise isolément, offre presque toujours, une idée sur laquelle l'esprit se repose. C'est ce que l'on est convenu d'appeler le *style lapidaire*. L'auteur est loin de prétendre à la perfection en ce genre ; quelque attention, quelque soin qu'il ait apporté à la composition de cette pièce, il est sincèrement persuadé que d'autres pourront faire mieux que lui ; mais ce qu'il ose dire, sans craindre qu'on le démente, c'est que nul, à coup sûr, ne sentira plus vivement tout ce qu'un pareil sujet offre à la fois de touchant et de terrible.

Ce n'est donc ici, au fond, qu'un projet soumis au jugement du Roi, de son auguste famille et de tous les amis sincères de la monarchie. L'auteur ne craint pas que l'on mette en doute la pureté des intentions qui, dès le principe, lui ont fait entreprendre un pareil ouvrage, et qui, dans ce moment, le portent encore à appeler sur cet objet important, l'attention et l'intérêt d'un certain nombre de lecteurs..... L'exécution sera-t-elle jugée digne du motif? Méritera-t-il qu'on dise de lui après l'avoir lu :

> . . . . *Cui lecta potenter erit res,*
> *Nec facundia deseret hunc, nec lucidus ordo?*

c'est le résultat qu'il ambitionne le plus, et dont toutefois il est loin d'oser se flatter.

Quelques réflexions paroissent encore nécessaires, pour justifier le parti qu'a pris l'auteur, de rédiger en français l'inscription qu'il propose. — Sans doute, la langue latine, à cause de sa force, de son élégance et de la pompe de ses expressions, offrira toujours bien plus de ressources pour des compositions de ce genre; mais, si dans une foule de circonstances elle est préférée par les savans, une pareille considération ne semble pas de nature à en déterminer ici le choix exclusif. Le monument de Louis XVI, et l'inscription dont il sera revêtu, doivent parler, en même temps, aux étrangers et aux régnicoles; à l'habitant des campagnes et à celui des villes; au pauvre, au citoyen obscur, comme aux riches et aux hommes d'une condition élevée : il faut que les paroles de cette inscription soient à la portée des femmes, des enfans; c'est à ces derniers surtout qu'elle est spécialement consacrée; c'est dans les jeunes cœurs de la génération qui s'élève, que nous devons nous presser d'inculquer à temps, les sentimens d'amour et de fidélité dus à nos souverains légitimes, à ces augustes descendans de saint Louis et d'Henri IV, qui seuls désormais peuvent assurer le repos et le bonheur de notre pays. Quoi de plus propre à inspirer à nos enfans une horreur salutaire de la rebellion et de ses suites funestes, que le tableau qui sera mis sous leurs yeux ? Long-temps avant qu'ils aient atteint l'âge où se terminent ordinairement les études, leur intelligence (comme celle du simple artisan et de tout homme non lettré) saisira, sans effort, le sens de ces réflexions, écrites dans leur propre langue. Une inscription latine, au contraire, ne s'adresseroit qu'aux individus, étrangers ou nationaux, versés dans la connoissance de cet idiôme; et l'on n'a pas besoin de faire remarquer que, dans la foule des lecteurs, le plus petit nombre seulement seroit en état de l'apprécier (*b*).

Enfin il reste une objection, que pourront élever quelques personnes, et que l'auteur a cru devoir prévenir; c'est celle de la différence à remarquer, entre les paroles sublimes, consignées dans le testament de Louis XVI, pour le pardon des coupables, et l'espèce d'imprécation qu'on n'a pu s'empêcher de prononcer ici contre les auteurs d'un si grand crime. — L'éloquent discours de M. de Béthizy, dans la mémorable séance du 7 janvier 1816, a répondu d'avance à une objection de ce genre : qu'on relise ce morceau, non moins remarquable par la force des raisons que par la beauté des mouvemens, et l'on se fera une idée juste du sens dans lequel l'inscription qui suit a été rédigée.

D'ailleurs (comme on le prouvera facilement par quelques considérations qui seront développées plus bas) les expressions dont on s'est servi, en parlant des régicides, ne peuvent entraîner contre eux une peine plus grave que celle dont ils ont été frappés.... Mais quand cette raison n'existeroit pas, qui pourra disconvenir qu'à moins de garder tout-à-fait le silence, il étoit impossible d'omettre ici les réflexions qui naissent le plus naturellement du sujet? Comment gémir sur cet horrible attentat, sans désigner, (au moins en termes généraux) les hommes qui s'en sont rendus coupables? Comment plaindre et admirer la victime, sans accuser et détester ses bourreaux? Et le moyen d'exciter des regrets sur le sang auguste et innocent que des monstres ont fait répandre, si nous n'appelons en même temps l'indignation et l'horreur des générations à venir, sur les odieuses mains qui en ont été souillées? La preuve de l'indispensable nécessité où se trouvera, sous ce rapport, tout écrivain qui entreprendra de traiter la même matière, c'est que l'inscription même, dont il est question au commencement de cette notice, contient, malgré sa brièveté, plusieurs mots qui caractérisent sans ménagement les auteurs de la mort de notre infortuné Roi (*c*).

On a dit plus haut que la condition de ces hommes (dont il faut bien faire mention, toutes les fois qu'on rappèle leur crime) ne sauroit s'aggraver par le fait des expressions, plus ou moins ménagées, dont on se servira à leur égard. — Rien de plus vrai que cette assertion ; et, quoi qu'en puissent dire certaines personnes, un peu trop disposées, peut-être, à s'appitoyer sur le sort des grands coupables, elles ne parviendront pas à prouver que ceux des meurtriers de Louis XVI, qui existent encore, aient à craindre de nous autre chose que de justes plaintes et des reproches assurément bien mérités. Nos récriminations, d'ailleurs, portent plus, en quelque sorte, sur les morts que sur les vivans. Il ne reste guère aujourd'hui que des personnages secondaires de cette horrible tragédie ; dans leurs rangs éclaircis, on ne compte en général que des hommes qui, par foiblesse ou par aveuglement, ont été entraînés dans la voie du crime : les coryphées du parti, ceux dont les noms ont acquis une funeste célébrité, ont presque tous été précipités dans la tombe ; ils n'ont survécu que peu de temps à la victime de leurs sacriléges fureurs : pour le bonheur de la France, et pour l'exemple des siècles à venir, on les a vu bientôt s'entre-dévorer..... Le supplice de ceux que le ciel a laissé vivre est au fond de leur cœur : il a commencé à l'instant même où leur bouche prononçoit l'arrêt. — Qui parle d'exercer contre eux des vengeances? Le testament de Louis XVI n'est-il pas, pour ses bourreaux, un rempart derrière lequel aucune puissance humaine ne peut les atteindre? Leur vie, leur liberté, leur fortune même (quelque scandaleuses que soient celles de plusieurs d'entre eux) n'ont-elles pas été religieusement respectées? Si, par une espèce d'ostracisme, par une mesure que commandoit le repos de l'Etat, on a éloigné de notre territoire ces artisans perpétuels de discorde et de troubles, c'est qu'abusant du pardon le plus généreux, ils avoient, de nouveau, levé l'étendard de la révolte contre le gouvernement légitime, et s'étoient ainsi déclarés ses irréconciliables ennemis.

PROJET D'INSCRIPTION.

A L'IMMORTELLE MÉMOIRE

DE LOUIS XVI,

ROI TRÈS-CHRÉTIEN.

L'an MDCCXCIII,
Le vingt-un janvier,
(Jour exécrable a jamais dans nos fastes),
Il succomba, victime déplorable
Des fureurs de quelques rebelles,
Dont la criminelle audace
Et les discours mensongers
Egarèrent, hélas! trop long-temps,
Une multitude facile a séduire.

LA FRANCE GÉMISSANTE,

INCONSOLABLE,

MAIS DÉLIVRÉE DU JOUG AFFREUX

QUE LUI AVOIENT IMPOSÉ, PENDANT VINGT-CINQ ANS,

LES FACTIONS ET LA TYRANNIE,

ET RENDUE ENFIN

AUX DOUCEURS DE LA PAIX,

AU BONHEUR QUI LUI EST PROMIS,

SOUS LE GOUVERNEMENT, SI LONG-TEMPS DÉSIRÉ,

DE SES LÉGITIMES SOUVERAINS,

A ÉLEVÉ CE MONUMENT

DE SES UNANIMES REGRETS,

DE SON ÉTERNELLE RECONNOISSANCE,

ENVERS LE PLUS SAGE,

LE PLUS VERTUEUX,

LE MEILLEUR DES ROIS.

QUE L'HORREUR D'UN SI GRAND CRIME

RETOMBE TOUTE ENTIÈRE

SUR CES HOMMES IMPIES

QUI, PAR LEUR INOUIE FEROCITÉ,

RÉPANDANT AU LOIN LA TERREUR,

ET GLAÇANT D'EFFROI L'AME DES GENS DE BIEN,

OSÈRENT,

(PENDANT CE TRIOMPHE PASSAGER

DE LA SCÉLÉRATESSE SUR LA VERTU),

ATTENTER AUX JOURS DE LEUR PRINCE,

ET CONSOMMER, SUR SA PERSONNE SACRÉE,

LE PLUS ÉPOUVANTABLE FORFAIT!

(13)

A QUELQUE ÉLÉVATION QUE PUISSENT ATTEINDRE
LE GÉNIE DES BEAUX ARTS
ET LES TALENS DU STATUAIRE,
LEURS EFFORTS N'EXPRIMERONT JAMAIS QUE FOIBLEMENT
CETTE PERTE IMMENSE,
ET L'INAPPRÉCIABLE MÉRITE
DE LA ROYALE VICTIME,
QUI, PAR UN ACTE SUBLIME DE VERTU
ET D'AMOUR ENVERS SES PEUPLES,
S'OFFRIT, D'ELLE-MÊME, A LA JUSTICE DU CIEL,
EN EXPIATION DE LEURS FAUTES.

BIENTÔT SANS DOUTE,
LA RELIGION DE NOS PÈRES,
EGALEMENT RENDUE A SON ANTIQUE ET SALUTAIRE INFLUENCE,
CONSACRERA, PAR DE PLUS SOLIDES MONUMENS,
L'IMPÉRISSABLE MÉMOIRE
DU HÉROS CHRÉTIEN,
A QUI LES AGES ANCIENS ET MODERNES
N'OFFRENT RIEN QU'ON PUISSE COMPARER;
ELLE ORNERA LES STATUES VÉNÉRÉES
DE CE ROI-MARTYR,
DE PALMES GLORIEUSES,
D'IMMORTELLES COURONNES,
ET NOUS PERMETTRA D'ÉLEVER,
NON LOIN DE LA PLACE OU COULA SON SANG GÉNÉREUX,
UN TEMPLE ET DES AUTELS,
OU D'ARDENTES PRIÈRES,
SERONT ADRESSÉES AU DIEU DES MISÉRICORDES,
SOUS L'INVOCATION TOUTE-PUISSANTE
DU DIGNE FILS DE SAINT LOUIS.

NOTES.

(*a*). Arrivés au terme d'une révolution aussi terrible, nous voyons peu à peu se dissiper l'espèce d'étourdissement que causoit, à la plupart des spectateurs, cette multitude d'événemens qui, depuis 1789, se sont succédés sous nos yeux. avec une prodigieuse et déplorable variété. Nous pouvons aujourd'hui jeter en arrière nos regards, et considérer froidement le vaste théâtre où se sont fait remarquer tant de vertus et de crimes, d'insignes lâchetés et d'actes vraiment héroïques, d'exploits militaires les plus éclatans et de revers sans exemple dans notre histoire. À la vue d'un pareil tableau, est-il un homme de bonne foi, dont les yeux ne soient pas complètement désillés? Qui pourroit maintenant ne pas apprécier à sa juste valeur le mérite de tant de personnages trop fameux, que, pour le malheur de la France, nous avons vu figurer successivement, et sous divers titres, à la tête du gouvernement? C'est à l'ambition, à la soif du pouvoir, à l'avidité des richesses, que nous avons dû ces déchiremens intérieurs, et cette monstrueuse tyrannie qui a dépeuplé notre pays, et tari les sources de sa prospérité. Ils étoient bien convaincus, les hommes qui tour à tour ont usurpé la suprême puissance, que leur autorité ne seroit que précaire et mal affermie, tant que les autres peuples continueroient d'être gouvernés par les familles de leurs anciens et légitimes souverains; de là, cet affreux système qui tendoit ouvertement à renverser tous les trônes; et qui, pendant vingt-cinq ans, a fait de notre nation un objet d'épouvante pour le reste de l'Europe.

Mais ce système, adopté et soutenu par quelques novateurs audacieux et sacriléges, étoit loin d'avoir l'assentiment de la partie saine de la nation. Tout ce qu'il y avoit en France d'hommes sages, honnêtes et véritablement éclairés, gémissoit, au fond de l'ame, sur tant de guerres injustes, entreprises et continuées par une ambition aussi folle que criminelle : tous prévoyoient quelle en seroit la déplorable issue : épuisés par nos succès même, nous devions à la fin succomber dans cette lutte inégale ; un effrayant avenir se présentoit à nos yeux ; après avoir allumé tant de haines, provoqué tant de vengeances, quel devoit être le sort de notre infortunée patrie?.... C'est à un miracle bien évident que nous en devons la conservation : si elle n'a pas été démembrée, si le nom de *France* figure encore sur la carte de l'Europe, reconnoissons, dans ce dénouement heureux et inespéré, la main de la Providence, le bras protecteur du Dieu de nos pères; c'est lui qui, pour notre salut, avoit si long-temps couvert de son égide les augustes débris de la famille des Bourbons. Dans ce moment suprême et terrible, où l'heure de notre destruction alloit sonner, tout à coup entre nos légions vaincues et les nombreuses armées qui les environnoient, se sont présentés les descendans de saint Louis, les neveux, les frères, la fille de Louis XVI ; ils ont désarmé le courroux des nations et de leurs chefs : par une transition subite et inattendue, nous avons vu succéder au tumulte et aux horreurs de la guerre le calme et les douceurs de la paix ; les artisans de nos maux, les factieux de toutes les époques ont été réduits à l'impuissance de nuire ; la France respire enfin sous l'ombre tutélaire de la dynastie de ses anciens Rois, de cette dynastie rayonnante de vertus, et environnée de l'amour et du respect de tant de générations !

(*b*). En supposant, au surplus, que l'on jugeât convenable, soit de préférer la version latine de cette inscription, soit d'adopter simultanément les deux langues, pour placer en regard l'une de l'autre, sur le monument, l'inscription française et sa traduction en latin, l'auteur se chargera, d'autant plus volontiers, d'un pareil travail, que, dans le principe, il avoit fait de cette pièce deux versions à la fois, l'une latine, l'autre française, entre lesquelles il avoit conservé, autant que possible, le plus parfait rapport.

(c) Si la mémoire de l'auteur ne le trompe pas, il y a, dans l'inscription proposée par M. de Puymaurin, ces expressions :

. . . .

Ab impiis sceleste obtruncato,

. . . , . . , ...

FIN.

De l'Imprimerie d'A. CLO, rue Saint-Jacques, n°. 58.